ប្រាជ្ញ និង សាថ

ដោយ Huot Sarith

គូររូបដោយ Ouk Ratha

Library For All Ltd.

ប្រាជ្ញ និង សាថេ

ខ្ញុំបានឈ្មោះប្រាជ្ញរៀននៅថ្នាក់ទី ៥"ក"
នៃសាលាបឋមសិក្សារវាំង។
ពុកខ្ញុំទៅធ្វើការនៅភ្នំពេញបាត់ៗ។
ម៉ែខ្ញុំទៅធ្វើការនៅផ្ទះគ្រួសារមួយនៅចុងភូមិ។
ដូច្នេះខ្ញុំច្រើននៅជាមួយយាយ។

តាំងពីចុងខែធ្នូមក
ខ្ញុំគ្រូសិស្សម្នាក់តំរាមយកលុយជារៀងរាល់ថ្ងៃ។
គេឈ្មោះ សាថេ រៀនថ្នាក់ទី៦។
គេហាមខ្ញុំមិនឱ្យនិយាយប្រាប់គេឡើយ។
បើមិនដូច្នេះគេនឹងមិនឱ្យខ្ញុំបានសុខឡើយ។
ខ្ញុំមិនដឹងគ្រូរធ្វើយ៉ាងណាឡើយ។

3

ពីពេលនោះមក
ខ្ញុរក្សាលខ្ញុំដូចជាស្ត្រីៗយ៉ាងម៉េចមិចដឹងទេ!
នៅផ្ទះលំហាត់ដែលម៉ែគេងឱក់ឱ្យធ្វើ
ពេលល្ងាចៗក់ខ្ញុំធ្វើមិនបានល្អដូចមុនៗ។ ៦នៅសាលា
ខ្ញុំស្តាប់គ្រូពន្យល់មិនចូលសោះ។ តាមធម្មតា
រៀនជាមួយអ្នកគ្រូ បីវ៉ាម៉ូ ខ្ញុំឆាប់យល់ណាស់។

អ្នកគ្រូកំពុងតែកិច្ចការប្រឡងប្រចាំខែមករា។
ពេលនោះគាត់ឃើញកិច្ចការខ្ញុំខុសច្រើនប្លែកពីធម្មតា។
គាត់ក៏ហៅខ្ញុំមកសួរនាំៈ ប្រាង្គ! កូនមានរឿងអី?
ម៉េចបានធ្វើខុសស្ទើរតែគ្រប់សំណួរអ៊ីចឹង?
អត់មានអីទេអ្នកគ្រូ!
(ខ្ញុំឆ្លើយតបទាំងព្រលឹងមិននៅក្នុងខ្លួន)

ល្បះៈ ប្រាណ

លំហាត់

៦០

៣៥ - ២៩ = ☒

៦៧ - ១៥ = ៥២ ✓

៨៧ - ☒ = ៩០

ពេលគាត់សួរ ខ្ញុំហាមាត់និយាយការពិតមិនរួចសោះ។ នេះព្រោះតែខ្ញុំខ្លាចសាថេ វាយធ្វើបាប! ទោះជាយ៉ាងនេះក្ដី អ្នកគ្រូហាក់មិនជឿខ្ញុំទេ។ ព្រោះគាត់បានលួចសួរវ៉រទី ដែលមិត្តរួមថ្នាក់ដ៏ជិតស្និទ្ធរបស់ខ្ញុំ។ នាងបានលួចសួរខ្ញុំ ពេលកំពុងរៀន៖

ឯងធ្វើអ៊ីខុសបានជាអ្នកគ្រូមកសួរខ្ញុំពីម្យ៉ិលមិញ ពេលចេញទៅផ្ទះ?

ខ្ញុំមិនបានដឹងថា វ.ទី
លួចតាមដានខ្ញុំពីពេលណាមកទេ។
ខ្ញុំភ្ញាក់ព្រឺតពេលអ្នកគ្រូហៅខ្ញុំទៅសួរៈ ប្រាថ្ន!
វ.ទីបានប្រាប់អ្នកគ្រូថា សាថៈ វាយកូនឃកលុយ។
ប្រាប់អ្នកគ្រូឱ្យត្រង់មកមើលថាមែន ឬមិនមែន?
ពួសម្ដីអ្នកគ្រូ ខ្ញុំស្ទើរតាំងបោះដួង។ ដោយខ្លាច
សាថៈ ធ្វើបាប ខ្ញុំក៏ផ្លើយកុហកៈ មិនពិតទេអ្នកគ្រូ!

ដោយខ្ញុំនិយាយកុហក អ្នកគ្រូហាក់ខឹងយ៉ាងខ្លាំង។
គាត់ក៏ដើរចេញទៅ។ ខ្ញុំលួចតាមមើលគាត់
ឃើញគាត់ទៅរករឿង សាថេ។ សាថេ
ម៉េចបានជាឯងវាយប្រាជ្ញយកលុយ?
ខ្ញុំមិនបានធ្វើអ៊ីចឹងទេ! បើឯងមិនសារភាព
អ្នកគ្រូនឹងប្រាប់លោកនាយកឱ្យចាត់ការឯងមិនខាន។
(អ្នកគ្រូនិយាយគំរាម)

ខ្ញុំបានលួចមើលមុខអ្នកគ្រូ យើញមុខគាត់កាចណាស់។ ចំណែក សាថ មុខឡើងស្លេកវៃ! ប៉ុន្តែគេនៅតែមិន ព្រមសារភាព។ ដោយខឹងពេក អ្នកគ្រូក៏ដើរវុំយសំដៅទៅទីចាត់ការ។ ពេលយើញខ្ញុំ សាថ ស្ទុះវឹងសំដៅមករកវាយខ្ញុំ។ មុខគេដូចបិសាចអុីចឹង។ ខ្ញុំភ័យពេក ក៏ស្រែក និងរត់រកអ្នកគ្រូជួយ។

9

សាថេ ក្តាប់ដៃយ៉ាងណែន។ គេខឹងណាស់
ប៉ុន្តែមិនហ៊ានរាយខ្ញុំមុខអ្នកគ្រូទេ។
អ្នកគ្រូក៏ហៅពួកយើងទៅទីចាត់ការ។ មើល សាថេ!
ម៉េចបានចងរាយប្រាជ្ញ? (នាយកសាលាសួរ សាថេ)
មកពីវាបង្ខូចខ្ញុំថា យកលុយវា។ មើល ប្រាជ្ញ! សាថេ
មានយកលុយពីចៅទេ? (នាយកសាលាសួរខ្ញុំ)

លើកនេះខ្ញុំមិនអាចលាក់បានទៀតទេ។ ខ្ញុំខ្លាច
សាថេ វាយស្លាប់បើមិននិយាយការពិត។ បានលោកគ្រូ!
សាថេ យកលុយខ្ញុំរាល់ថ្ងៃ តាំងពីចុងខែឆ្នាំម្លេះ។
ងងនិយាយកុហក! ខ្ញុំមិនដែលយកលុយងងទេ
កុំជឿវាលោកគ្រូ! បើងងមិនឆ្លើយការពិត។
លោកគ្រូនឹងហៅអាណាព្យាបាលពួកងងមកជួប។
គ្រូប្រាប់ឲ្យហើយ បើប្រាថ្វ របូសតែបន្តិច
ងងជាអ្នកទទួលខុសត្រូវ។ ឭទេ?

លោកនាយកបានសរសេរសំបុត្រអញ្ជើញ
អាណាព្យាបាលសាថ និងម្តាយខ្ញុំ។ នៅព្រឹកថ្ងៃបន្ទាប់
អ្នកគ្រូបានជូនខ្ញុំទៅផ្ទះ។ គាត់ក៏ឡើងយក
សំបុត្រជូនអាណាព្យាបាលខ្ញុំ និងសាថេងៗ។
ពីព្រោះផ្លូវទៅផ្ទះគាត់ កាត់មុខផ្ទះពួកយើង។
នៅតាមផ្លូវ គាត់ហាមខ្ញុំមិនឱ្យដើរលេងទេ
ព្រោះខ្លាចសាថេស្មាក់វាយ។

ព្រឹកស្អែកឡើង ម៉ែនាំខ្ញុំទៅទីចាត់ការ។ ពេលទៅដល់ ខ្ញុំឃើញអ្នកគ្រូ បីរ៉ាម៉ូ នាយកសាលា និងលោកគ្រូរបស់ សាថេរ។ ពួកគាត់អង្គុយចាំយើងនៅទីនោះស្រេចបាត់ ទៅហើយ។ អញ្ជើញចូលមកក្នុងស្រី! (នាយកសាលាហៅ ម៉ែខ្ញុំចូលក្នុងទីចាត់ការ) សូមរង់ចាំបន្តិច!

មិនយូរប៉ុន្មាន សាថេ និងប៉ារបស់គេក៏មកដល់។ មុខ
សាថេ ដូចជាស្ងេកខុសពីធម្មតា។ ម៉ែខ្ញុំភ្ញាក់ព្រឹត
ពេលបានឃើញ សាថេ និងប៉ារបស់គេមកដែរ។
ពេលជុំគ្នាហើយ លោកនាយកក៏ចាប់ផ្ដើមរៀបរាប់អំពី
រឿងរ៉ាវ។

ពេលបានញរឿងនេះ ម៉ែខ្ញុំនិយាយអ្វីក៏មិនចេញ។ ចំណែកប៉ាសាថេ ខឹងយ៉ាងខ្លាំង។ មិនគួរណា កូនគាត់ធ្វើរឿងអ៊ីចឹងសោះ។ គាត់ក៏សួរកូនរកខុសត្រូវ ដោយសម្ដីម៉ាត់ៗៈ មើល សាថេ! ប្រាប់ឲ្យត្រង់មកមើល។ កូនបាន ធ្វើអ៊ីចឹងមែន ឬអត់?

ពូសំណូរភ្លាម សាថេចាប់ផ្ដើមស្លេកបប្ងូរមាត់
និយាយទាក់ៗ។ មកពីថ្ងាយកក្រោសលំហាត់ខ្ញុំឲ្យទៅវា
ហើយសរសេរវាទៀត។ ទើបខ្ញុំចង់ធ្វើបាបវា!
លំហាត់ថ្នាក់ទី ៤ ហ្នឹង កូនលែងរៀនទៀតហើយ។
ថ្នាក់ឲ្យមិនឯងយកឲ្យកូនគាត់រៀន។
មិនឯងមិនសូរចេះអក្សរទេ ទើបថាជួយមើលថា
កូនគាត់ធ្វើត្រូវ ឬខុស។

ខ្ញុំម៉េចដឹង! បើខ្ញុំញ្ញេតែថា និងមិងសរសេីរវរហ្គុត។
ថាវាធ្វេីលំហាត់ត្រូវ។ គឡ្លវកូនដឹងហេីយ!
ឈប់ខឹងឬនៅ? សុំទោសជ្គា! កូនខុសហេីយ។
មិនបាច់សុំទោសជ្គាទេ! សុំទោសប្រាជ្ញ និងលោកគ្រូ
អ្នកគ្រូទៅ!

គេក៏បែរមកសុំទោសខ្ញុំ
និងលោកគ្រូ អ្នកគ្រូទាំងអស់នៅទីនោះ។
គ្រប់គ្នាក៏ទទួលយក ការសុំទោសនេះ។ ព្រោះ
សាថេ ក៏ជាសិស្សឆ្នើមម្នាក់របស់សាលាដែរ។
គេក៏មិនដែលធ្វើកំហុសអ្វីលើកលែងតែកំហុសមួយនេះ
ដែរ។ ម្តាយខ្ញុំរកពាក្យថ្លែងមិនចេញ។ ម្តាងជាកូនបង្កើត
ម្តាងជាក្មេងដែលគាត់មើលថែតាំងពីតូច។

ពេលឃើញម្ដាយខ្ញុំ សាថេក៏ពិបាកចិត្តដែរ។
មើលទៅគេស្រឡាញ់ម្ដាយខ្ញុំណាស់។
គេនិយាយលួងលោមគាត់។ មីងឈប់យំទៅ! ខ្ញុំសន្យាថា
មិនធ្វើបាបប្រាជ្ញទៀតទេ! ហើយពេលមកសាលា
ខ្ញុំតាមមើលថែគេជំនួសមីង។

19

ម៉ែខ្ញុំអរណាស់ពេលបានឮសម្ដីនេះ។
គាត់បាននិយាយអរគុណសាថេ
និងដាស់តឿនខ្ញុំៈ ថ្ងៃក្រោយ
ពេលមានរឿងអ្វីមួយកូនត្រូវប្រាប់ចាស់ទុំ។
នៅសាលាកូនត្រូវប្រាប់ លោកគ្រូ
អ្នកគ្រូ។ នៅផ្ទះកូនត្រូវប្រាប់ម៉ែ
និងលោកយាយ។ កូនមិនត្រូវលាក់ទេ
នេះសំណាងហើយដែលមិនមានរឿងធំ។

ចំណែកខាងសាលាក៏មិនដេញដោលវែងឆ្ងាយដែរ។
លោកនាយកត្រាន់តែឌាស់តឿនសាថ
កុំឱ្យធ្វើដូច្នេះទៀត។ តែបើមានលើកក្រោយ
សាលានឹងចាត់ការតាមបទបញ្ញត្តៃក្នុង
របស់សាលាមិនខាន។ ក្រោយពីសម្រួលគ្នាហើយ
ប៉ាសាថ និងម៉ែខ្ញុំក៏ត្រលប់ទៅផ្ទះវិញទៅ។
ចំណែកពួកយើងក៏ត្រូវចូលរៀនវិញដែរ។

ពេលចេញលេង
សាថេបានឱ្យសំបុត្រមកខ្ញុំមួយច្បាប់។
ខ្ញុំក៏បើកមើល៖ "ប្រាជ្ញឱ្យបង
សុំទោស។ បងមិនគួរធ្វើបាបប្អូនសោះ។
ការពិតលុយដែលបងយកពីប្អូន
បងបានរក្សាទុករវាំ។ បងមិនបានចាយរវាទេ។
នេះលុយរបស់ប្អូនទាំងអស់ដែលបងយកពីប្អូន។"។

22

ពេលឃើញលុយរបស់ខ្លួន ខ្ញុំសប្បាយចិត្តណាស់។
ខ្ញុំក៏រាប់គុណមើលឃើញគ្រប់ចំនួន!

នេះរាប់ថា ខ្ញុំសន្សំរាចុះ។ ចំណែក វរទី
នាងក៏វិករាយមិនស្មើរដែរ។ ព្រោះពួកយើងខាន
និយាយលេងជាមួយគ្នាយូរមកហើយ។ នៅមានរឿង
ល្អជាច្រើនទៀតដែលខ្ញុំត្រូវរៀបរាប់ប្រាប់អ្នកទាំង
អស់គ្នា។ ប៉ុន្តែដោយសារពេលវេលាមិនអំណោយផល
ខ្ញុំសូមគោរពលាតែប៉ុណ្ណោះសិនចុះ។

អ្នកអាចប្រើសំណួរទាំងនេះដើម្បីនិយាយអំពីសៀវភៅនេះជាមួយគ្រួសារ មិត្តភ័ក្តិ និងគ្រូរបស់អ្នក។

តើអ្នកបានរៀនអ្វីខ្លះពីសៀវភៅនេះ?

ពិពណ៌នាសៀវភៅនេះក្នុងមួយពាក្យ។ កំប្លែង? គួរឲ្យខ្លាច? ចម្រុះពណ៌? គួរឲ្យចាប់អារម្មណ៍?

តើសៀវភៅនេះធ្វើឲ្យអ្នកមានអារម្មណ៍យ៉ាងណាពេលអានចប់?

តើមួយណាជាផ្នែកដែលអ្នកចូលចិត្តជាងគេនៃសៀវភៅនេះ?

ទាញយកកម្មវិធីអ្នកអានរបស់យើង។
getlibraryforall.org

អំពីអ្នករួមចំណែក

បណ្ណាល័យសម្រាប់ទាំងអស់គ្នា ធ្វើការជាមួយអ្នកនិពន្ធ និងអ្នកគំនូរមកពីជុំវិញពិភពលោក ដើម្បីបង្កើតរឿងប្លែកៗ ពាក់ព័ន្ធ និងគុណភាពខ្ពស់សម្រាប់អ្នកអានវ័យក្មេង។

សូមចូលមើលគេហទំព័រ libraryforall.org សម្រាប់ព័ត៌មាន ចុងក្រោយបំផុតអំពីព្រឹត្តិការណ៍សិក្ខាសាលារបស់អ្នកនិពន្ធ គោលការណ៍ណែនាំការដាក់ស្នើ និងឱកាសថ្មីៗប្រឌិតផ្សេងទៀត។

តើអ្នកចូលចិត្តសៀវភៅនេះទេ?

យើងមានរឿងដើមដែលរៀបចំដោយអ្នកជំនាញរាប់រយ រឿងទៀតដើម្បីជ្រើសរើស។

យើងធ្វើការក្នុងភាពជាដៃគូជាមួយអ្នកនិពន្ធ អ្នកអប់រំ ទីប្រឹក្សាវប្បធម៌ រដ្ឋាភិបាល និង NGOs ដើម្បីនាំមកនូវ សេចក្ដីរីករាយនៃការអានដល់កុមារគ្រប់ទីកន្លែង។

តើអ្នកដឹងទេ?

យើងបង្កើតឧបករណ៍ជាសាកលក្នុងវិស័យទាំងនេះ ដោយប្រកាន់យកគោលដៅអភិវឌ្ឍន៍ប្រកបដោយចីរភាព របស់អង្គការសហប្រជាជាតិ។

library forall.org

www.ingramcontent.com/pod-product-compliance
Lightning Source LLC
Chambersburg PA
CBHW040316050426

42452CB00018B/2875